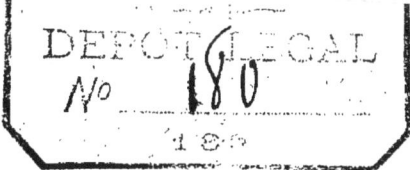

BIBLIOTHÈQUE DE L'OUVRIER MI...

—

LOI

DU 9 JUIN 1894

SUR LES

Caisses de Retraites et de Secours

DES OUVRIERS MINEURS

PAR

MARIUS OLLIVE

Conseiller Général.

MARSEILLE

TYPOGRAPHIE ET LITHOGRAPHIE DOUCET,

19, Rue de la Providence.

1894.

BIBLIOTHÈQUE DE L'OUVRIER MINEUR

—

LOI

DU 9 JUIN 1894

SUR LES

Caisses de Retraites et de Secours

DES OUVRIERS MINEURS

PAR

MARIUS OLLIVE

Conseiller Général.

❧

MARSEILLE

TYPOGRAPHIE ET LITHOGRAPHIE DOUCET,

19, Rue de la Providence.

1894.

devant le maire de la commune de sa résidence, qu'il entend renoncer au bénéfice de cet article.

Il lui sera délivré récépissé de cette déclaration.

Dans ce cas et pendant toute la durée de la renonciation, l'exploitant sera également dispensé du versement qui lui incombe aux termes du même article 2.

Art. 26. — La Commission arbitrale prévue par l'article 24, sera composée de sept membres permanents, nommés :

Deux par le Conseil Général des mines ;

Deux par la Commission supérieure de la Caisse nationale des retraites pour la veillesse ;

Deux par la Cour d'appel de Paris, parmi les conseillers de la Cour :

Un par la Cour des comptes.

La Commission élira son président et son secrétaire. Le nombre des membres de la Commission arbitrale sera porté à neuf par l'adjonction, dans chaque affaire, de deux membres désignés, l'un par les exploitants, l'autre par la majorité des ouvriers et employés.

Art. 27. — Pour les différends qui naîtraient de l'exécution de la présente loi et qui seraient déférés aux tribunaux civils, il sera statué comme en matière sommaire et jugé d'avance.

Les intéressés bénéficieront de l'assistance judiciaire.

Avant-Propos

Le Conseil général des Bouches-du-Rhône avait adopté, à différentes reprises, sur la proposition de mes honorables collègues, MM. Leydet, Baret et Deleuil, un vœu demandant au Sénat d'activer, le plus possible, la discussion, le vote et l'application de la loi sur les Caisses de retraites et de secours des ouvriers mineurs, que la Chambre des Députés avait votée au mois de juillet 1889.

Le Sénat, après avoir complètement modifié ce projet, l'a renvoyé au Parlement qui l'a adopté dans sa séance du 9 juin 1894.

Malgré ses imperfections nombreuses, le groupe socialiste avait décidé de le voter, afin de n'en pas retarder la mise en vigueur.

Il ne voulait pas repousser un projet qui restitue aux ouvriers la gestion, au moins partielle, de leurs Caisses de secours, qui met leurs droits à la retraite à l'abri des déplacements et des renvois, qui leur crée ainsi une certaine liberté d'action qu'il eût été imprudent de laisser remettre en discussion, et qu'il y avait intérêt à rendre immédiatement définitive. Si, pour les motifs ci-dessus, les socialistes ont voté la loi aujourd'hui définitive ils n'ont jamais entendu accepter les bases mêmes de l'organisation formulée, sur lesquelles ils ont, au contraire, fait toutes réserves. Ils ont déposé sur le bureau de la Chambre une proposition nouvelle tendant à laisser à la charge des exploitants les Caisses de secours et de retraites. On ne saurait accepter, en effet, que les moyens de parer aux inconvénients des maladies et à la vieillesse des ouvriers soient prélevés sur le travail de l'ouvrier.

Le salaire suffit à peine aux besoins de chaque jour et contraindre l'ouvrier, pour ne pas manquer de tout, à un âge, qu'il n'est rien moins que certain d'atteindre, à se priver, sa vie active durant, et à priver les siens du strict nécessaire, ce n'est pas améliorer sa condition, mais l'aggraver.

Qui ignore que, par ces temps de chômage et de crises commerciales, la journée de l'ouvrier mineur, ne s'élève pas au-delà d'une moyenne de 3 francs.

C'est à l'employeur, à celui qui profite du travail qu'incombe l'obligation de prévoir les mauvais et les vieux jours du travailleur et d'y pourvoir. De pareilles dépenses rentrent, sans conteste, comme la réparation et le renouvellement de l'outillage, dans les frais généraux de l'entreprise.

C'est à la charge exclusive de l'exploitant, que doivent être mis les ouvriers tombés malades ou usés à son service.

Déjà en 1471, le roi de l'époque créa un maître général visiteur et gouverneur des mines du royaume; Henri IV, par un édit du 14 mai de l'année 1604, « ordonnait qu'en chaque mine qui sera ouverte dans « son royaume, de *quelque qualité et nature qu'elle* « *soit,* un *trentième* soit pris sur la masse entière de « tout ce qui en proviendra pour l'entretiennement d'un « chirurgien et l'achat de médicaments, afin que les « pauvres blessés soient secourus gratuitement. »

En demandant à la société issue de la Révolution Française de revenir à cette gratuité, c'est-à-dire de ne pas se montrer moins humaine que l'ancien régime, on ne saurait être taxé d'exagération.

L'ouvrier mineur, devenu infirme, ne pourra pas vivre avec une retraite de 230 à 260 francs, chiffre moyen qu'atteindront dans les présentes conditions les pensions annuelles. Les mineurs ont été unanimes à réclamer deux francs par jour après vingt-cinq années de services. Ce minimum s'impose.

Par ces motifs : après le vote de la loi, les députés socialistes ont déposé le projet suivant :

Art. 1er. — Toute retenue sur les salaires, en vue des caisses de secours ou de retraites, est interdite.

Art. 2. — L'exploitant versera chaque mois, soit à la caisse nationale des retraites pour la vieillesse, soit dans une des caisses prévues à l'article 4 de la loi du 9 juin 1894, pour la formation du capital constitutif des pensions de retraite, une somme égale à 6 o/o du salaire des ouvriers ou employés.

Art. 3. — La caisse de chaque société de secours est alimentée par :

1° Un versement de l'exploitant qui ne saurait être inférieur à 4 o/o du salaire des ouvriers ou employés;

2° Les sommes allouées par l'Etat sur les fonds de subvention aux sociétés de secours mutuels;

3° Les dons et legs;

4° Le produit des amendes encourues pour infraction aux statuts et de celles infligées aux membres participants par application du règlement intérieur de l'entreprise, jusqu'à ce que ces amendes patronales aient été interdites par la loi.

Art. 4. — Sont et demeurent abrogées toutes les dispositions contraires à la présente loi.

Marius OLLIVE.

LOI

SUR LES CAISSES DE RETRAITES ET DE SECOURS DES OUVRIERS MINEURS

—

TITRE I

Disposition Générale

Art. 1er. — Dans le délai de six mois à partir de la promulgation de la présente loi, les exploitants des mines et les ouvriers et employés de ces exploi. tations seront soumis aux obligations et jouiront des avantages édictés par les titres II et III ci-après, pour ce qui touche l'organisation et le fonctionnement des caisses de retraites et des caisses de secours.

Les employés et ouvriers dont les appointements dépassent 2,400 francs, ne bénéficieront que jusqu'à concurrence de cette somme, des dispositions de la présente loi.

TITRE II

Des Pensions de Retraite

Art. 2. — L'exploitant versera chaque mois, soit à la caisse nationale des retraites pour la vieillesse, soit dans une des caisses prévues à l'article 4, pour la formation du capital constitutif des pensions de retraite une somme égale au 4 pour 100 du salaire des ouvriers ou employés, dont moitié à prélever sur le salaire et moitié à fournir par l'exploitant lui-même.

Les versements pourront être augmentés par

l'accord des deux parties intéressées. Ces versements seront inscrits sur un livret individuel, au
nom de chaque ouvrier ou employé.

Ils seront faits à capital aliéné. Toutefois si le
titulaire du livret le demande, le versement de la
part prélevée sur son salaire sera fait à capital
réservé.

L'exploitant pourra prendre à sa charge une frac-
tion supérieure à la moitié du versement ou sa
totalité.

Art. 3. — Les pensions sont acquises et liquidées
dans les conditions prévues à la loi du 20 juillet
1886 sur la caisse nationale des retraites pour la
vieillesse.

L'entrée en jouissance est fixée à cinquante-cinq
ans ; elle pourra être différée sur la demande de
l'ayant-droit, mais les versements cesseront à partir
de cet âge, d'être obligatoires.

Art. 4. — Les exploitants de mines pourront ob-
tenir l'autorisation de créer des caisses syndicales
ou patronales de retraites pour les ouvriers ou
employés occupés dans leurs exploitations.

L'autorisation sera donnée par décret rendu dans
la forme des règlements d'administration publique.
Le décret fixera les limites du district, les conditions
du fonctionnement de la Caisse et son mode de
liquidation. Il prescrira également les mesures à
prendre pour assurer le transfert, soit à une autre
caisse syndicale ou patronale, soit à la Caisse Natio-

ñale des retraites pour la vieillesse, des sommes inscrites au livret de chaque intéressé.

Les fonds versés par les exploitants dans la Caisse Syndicale ou Patronale devront être employés en rentes sur l'Etat, en valeurs du Trésor ou garanties pâr le Trésor, en obligations départementales ou communales ; les titres seront nominatifs.

La gestion des caisses syndicales ou patronales sera soumise à la vérification de l'inspection des finances et au contrôle du receveur particulier, de l'arrondissement du siège de la Caisse.

Art. 5. — Si des conventions spéciales interviennent entre les exploitants et leurs employés ou ouvriers dans le but d'assurer à ceux-ci, à leurs veuves ou à leurs enfants, soit un supplément de rente viagère, soit des rentes temporaires ou des indemnités déterminées d'avance, le capital, formant la garantie des engagements résultant desdites conventions, devra être versé ou représenté à la Caisse des Dépôts et Consignations ou dans les caisses à créer en vertu de l'article 4.

Les exploitants adresseront chaque année, au ministre des travaux publics, le compte-rendu des mesures prises en exécution du précédent paragraphe.

TITRE III

Des Sociétés de Secours

Art. 6. — La caisse de chaque société de secours sera alimentée par :

1° Un prélèvement sur le salaire de chaque ouvrier

ou employé dont le montant sera fixé par le Conseil d'administration de la Société sans pouvoir dépasser 2 p. o/o du salaire.

2° Un versement de l'exploitation égal à la moitié de celui des ouvriers ou employés.

3° Les sommes allouées par l'Etat sur les fonds de subvention aux sociétés de secours mutuels.

4° Les dons et legs.

5° Le produit des amendes encourues pour infractions aux statuts et de celles infligées aux membres participants par application du règlement intérieur de l'entreprise.

Art. 7. — Les statuts des sociétés de secours doivent fixer : 1° la nature et la quotité des secours et des soins à donner aux membres participants que la maladie ou des infirmités empêcheraient de travailler ; 2° en cas de décès des membres participants, la nature et la quotité des subventions à allouer à leurs familles ou ayants droit.

Les statuts peuvent autoriser l'allocation en argent et de soins médicaux et pharmaceutiques aux femmes et enfants des membres participants et à leurs ascendants. Ils peuvent aussi prévoir des secours journaliers en faveur des femmes et des enfants des réservistes de l'armée active et des hommes de l'armée territoriale appelés à rejoindre leur corps, enfin des allocations exceptionnelles et renouvelables en faveur des veuves ou des orphelins d'ouvriers ou employés décédés, après avoir participé à la société de secours.

Art. 8. — En cas de maladie entraînant une inca-

pacité de travail de plus de quatre jours avec une
suppression de salaire, la caisse de la société de
secours versera, à la fin de chaque semestre, au
compte individuel du sociétaire participant à une
caisse de retraite, une somme au moins égale, à
5 p. 100 de l'indemnité de maladie prévue par les
statuts. L'obligation de ce versement cessera avec
l'indemnité de la maladie elle-même.

Art. 9. — A défaut d'accord entre les intéressés,
la circonscription de chaque société de secours sera
fixée par un décret rendu en Conseil d'Etat.

Une même exploitation pourra être divisée en
plusieurs circonscriptions de secours. Une seule
société pourra être établie pour les concessions ou
exploitations voisines appartenant soit à un seul
exploitant, soit à plusieurs concessionnaires.

Les industries annexes des exploitations de mines
pourront, à la demande des parties intéressées, et
sans l'autorisation du ministre des travaux publics,
être agrégées aux circonscriptions des sociétés de
secours des mines.

Art. 10. — La Société est administrée par un
conseil composé de neuf membres au moins.

Un tiers des membres est désigné par l'exploitation ; les deux autres tiers seront élus par les ouvriers
ou employés parmi les membres participants dans
les conditions indiquées aux articles suivants. Il sera
procédé en même temps et dans les mêmes conditions, à la nomination de trois membres suppléants

destinés à remplacer, en cas d'absence ou de vacance, les membres titulaires.

Si l'exploitant renonce, au moment d'une élection, à faire usage en tout ou en partie de la faculté qui lui est réservée par le précédent paragraphe, les membres du Conseil non désignés par l'exploitant, sont élus par les ouvriers ou employés.

Les décisions prises par le Conseil ne sont valables que si plus des deux tiers des suffrages ont été exprimés ; néanmoins, après une seconde convocation faite dans la forme ordinaire, les décisions sont prises à la majorité, quel que soit le nombre des suffrages exprimés.

Le Conseil nomme parmi ses membres, un président, un secrétaire, un trésorier.

Art. 11. — Sont électeurs, tous les ouvriers et employés, du fond et du jour, Français, jouissant de leurs droits politiques, inscrits sur la feuille de leur dernière paye.

Sont éligibles, à la condition de savoir lire et écrire, et en outre de n'avoir jamais encouru de condamnation, aux termes des dispositions, soit de la présente loi soit de la loi du 21 avril 1810, et du décret du 3 janvier 1813, soit des articles 414 et 415 du code pénal, les électeurs âgés de vingt-cinq ans accomplis, occupés depuis plus de cinq ans dans l'exploitation à laquelle se rattache la société de secours. Toutefois, dans les cinq premières années de l'exploitation, le nombre des années de service exigé sera réduit à la durée de l'exploitation elle-même.

Les électeurs sont convoqués, pour la première fois, par un arrêté du préfet.

Le vote a lieu à la mairie de la commune désignée dans l'arrêté de convocation, parmi celles sur le territoire desquelles s'étend la circonscription. Le bureau électoral est présidé par le maire.

L'arrêté est publié et affiché dans les communes intéressées, quinze jours au moins avant l'élection. Il est notifié à l'exploitant.

Dans les huit jours qui suivent cette notification, les listes électorales de la circonscription sont affichées à la diligence de l'exploitant, aux lieux habituels pour les avis donnés aux ouvriers.

Un double de ces listes est, par les soins de l'exploitant, remis au maire, qui est chargé de présider le bureau.

Sera puni des peines prévues aux articles 93 et suivants de la loi du 21 avril 1810, l'exploitant qui refuserait ou négligerait de se conformer aux prescriptions qui précèdent.

Le préfet peut, en outre, faire dresser et afficher les listes électorales aux frais de l'exploitant ; les frais rendus exécutoires par les préfets seront recouvrés comme en matière de contributions publiques.

Les opérations électorales subséquentes ont lieu dans le local indiqué, suivant les formes et aux conditions prescrites par les statuts.

Art. 12. — Le vote a toujours lieu au scrutin de liste, un dimanche. Nul n'est élu au premier tour de crutin s'il n'a obtenu la majorité absolue des suffrages exprimés et un nombre de voix égal au quart du nombre des électeurs inscrits. Au deuxième tour de scrutin, auquel il doit être procédé le dimanche suivant, la majorité relative suffit.

Les membres du Conseil sont élus pour trois ans et renouvelables par tiers chaque année.

Il est pourvu, dans les six mois qui suivent la vacance, au remplacement des membres décédés, démissionnaires ou déchus des qualités requises pour l'éligibilité.

Les nouveaux élus sont nommés pour le temps restant à courir, jusqu'au terme assigné aux fonctions de ceux qu'ils remplacent.

Art. 13. — Les contestations sur la formation des listes et sur la validité des opérations électorales sont portées, dans le délai de quinze jours à dater de l'élection, devant le juge de paix de la commune où les opérations ont eu lieu. Elles sont introduites par simple déclaration au greffe.

Art. 14. — Les statuts sont dressés par le premier Conseil; ils sont soumis, par l'intermédiaire du préfet, à l'approbation du ministre des travaux publics. Après l'approbation ils sont notifiés à l'exploitant.

La décision du ministre peut être déférée au Conseil d'Etat, au contentieux. Le recours est dispensé des droits de timbre et d'enregistrement et peut être formé sans ministère d'avocat.

Toute modification aux statuts comporte une nouvelle approbation ministérielle. Les statuts sont

affichés en permanence, par les soins de l'exploitant
aux lieux habituels des avis donnés aux ouvriers. Un
exemplaire en est remis par l'exploitant, contre
récépissé, à chaque ouvrier ou employé lors de
l'embauchage.

Art. 15. — Les sociétés de secours sont tenues de
communiquer leurs livres, procès-verbaux et pièces
comptables de toute nature au préfet et aux ingénieurs des mines. Cette communication a lieu sans
déplacement, sauf le cas où il en serait ordonné
autrement par arrêté du préfet.

Les sociétés adressent chaque année, par l'intermédiaire du préfet, aux ministres des travaux publics
et de l'intérieur, et sous les formes déterminées par
eux, le compte-rendu de leur situation financière et
un état des cas de malaise ou de mort éprouvés par
les participants dans le cours de l'année.

Art. 16. — A la fin de chaque année, le Conseil
d'administration fixe, sur les excédents disponibles,
les sommes à laisser dans la caisse, pour en assurer
le service, et celles à déposer à la Caisse des dépôts
et consignation. Ce dépôt devra être effectué par le
Conseil d'administration, dans le délai d'un mois,
sous la responsabilité solidaire de ses membres, sans
préjudice, le cas échéant, de l'application de l'article
408 du code pénal.

Les administrations qui auraient effectué ou laissé
effectuer un emploi de fonds non autorisé par les
statuts encourent la même responsabilité et les
mêmes pénalités.

Le total de la réserve ne pourra dépasser le double des recettes de l'année.

Art. 17. — Dans le cas d'inexécution des statuts ou de violation des dispositions de la présente loi, la dissolution du Conseil d'administration peut être prononcée par le ministre des travaux publics, après avis du Conseil général des mines, sans préjudice de la responsabilité civile ou pénale encourue par les administrateurs.

Les électeurs devront être réunis pour procéder à la nomination du nouveau Conseil, au plus tard dans uu délai de deux mois. Dans l'intervalle, la caisse sera gérée par un délégué du préfet.

Art. 18. — Les sociétés de secours actuellement existantes et dont les statuts sont régulièrement approuvés par l'autorité administrative conserveront leur organisation et leur mode de fonctionnement pour ce qui touche les obligations du présent titre, sauf dans le cas où leur transformation serait reconnue nécessaire par le ministre des travaux publics, sur l'avis du Conseil général des mines.

Elles jouiront d'ailleurs des recettes prévues par l'article 6 qui précède.

Art. 19. — Les statuts pourront décider que le service de secours sera confié à une compagnie d'assurances.

Art. 20. — Les sociétés régulièrement constituées en conformité des articles qui précèdent, bénéficieront des dispositions des lois sur les sociétés de secours mutuels, et seront soumises aux obligations découlant de ces lois.

TITRE IV
Dispositions transitoires et règlementaires

Art. 21. — Les pensions déjà acquises à un titre quelconque, dont le service incombe à l'exploitant, seront fournies comme précédemment, suivant les règlements particuliers de l'entreprise.

Art. 22. — Le montant des pensions en cours d'acquisition, dont le service incombe à l'exploitant, sera calculé par application des règlements ou des usages en vertu desquels ces pensions étaient précédemment accordées.

Si la rente acquise à raison des versements effectués en exécution de l'art. 2 est inférieure au montant de la pension calculée, comme il vient d'être dit, la différence restera à la charge de l'exploitant.

Art. 23. — A partir de la mise en application de la présente loi, les Caisses de prévoyance précédemment organisées avec le concours des ouvriers et employés en vue d'assurer des secours et de constituer des rentes temporaires, des pensions de retraites d'âge, d'invalidité ou d'accidents, fonctionneront exclusivement pour l'exécution des engagements antérieurement contractés par les dites Caisses, en ce qui concerne tant les pensions acquises à un

titre quelconque que les pensions de retraite' en cours d'acquisition.

Toutefois, dans le premier mois, les Caisses assureront les secours et les soins aux malades en traitement.

Art. 24. — Les intéressés seront appelés à se prononcer dans un délai maximum de six mois, sur les mesures à prendre à raison des engagements précités, et sur le mode de réalisation des ressources nécessaires.

A défaut d'entente entre les exploitants, d'une part et la majorité des ouvriers et employés, d'autre part, les deux parties pourront décider que le règlement des mesures à prendre et la fixation des versements à opérer seront confiés à la Commission arbitrale instituée par l'article 26 ci-après :

Si les exploitants et la majorité des ouvriers et employés ne peuvent se mettre d'accord dans le délai de six mois sus-indiqué, ni sur les mesures à adopter, ni sur le recours à la Commission arbitrale, les tribunaux nommeront, à la requête de la partie la plus diligente, un liquidateur chargé d'assurer au mieux des intérêts en présence, la liquidation de la Caisse de prévoyance.

Le rapport du liquidateur sera soumis à l'homologation du tribunal.

Art. 25. — Tout ouvrier ou employé au profit duquel une pension de retraite d'âge ou d'invalidité est actuellement en cours d'acquisition, sera dispensé de la retenue prescrite par l'article 2, s'il déclare

Les intéressés, agissant en nom collectif, seront représentés par un mandataire nommé par eux à la majorité des voix, sans préjudice, pour chacun d'eux, du droit d'intervention individuelle.

Art. 28. — Le capital constitutif des rentes incombant, soit aux exploitants, soit aux Caisses de prévoyance, pourra être déposé en totalité ou par annuités successives, à la Caisse nationale des retraites pour la vieillesse qui devra, en ce cas, inscrire les rentes au livret individuel de chaque ayant droit et en effectuer le paiement à partir de l'âge fixé pour l'entrée en jouissance.

Art. 29. — Un règlement d'administration publique déterminera les mesures nécessaires à l'application des prescriptions de la présente loi.

Art. 30. — Les infractions aux dispositions de l'article 5, paragraphe 2 et des articles 15 et 23 seront punies d'une amende de 16 à 200 francs.

En cas de mauvaise foi, le chiffre de l'amende pourra être porté à 500 francs. Les infractions pourront être constatées par les officiers de police judiciaire, par les ingénieurs et les contrôleurs des mines.

Art. 31. — Les exploitations de minières et carrières souterraines ou à ciel ouvert pourront être assimilées aux exploitations de mines pour l'application de la présente loi, en vertu de décrets rendus en Conseil d'Etat sur la proposition du ministre des travaux publics.

www.ingramcontent.com/pod-product-compliance
Lightning Source LLC
Chambersburg PA
CBHW050434210326
41520CB00019B/5928